W0102655

Fotos
NICI GmbH, S. 23, 56
Maike Reinhardt, S. 77, 78, 79, 81, 82, 83, 85, 86
Shuttertstock.com – © 4_mai, S. 8, 10 / 5 second Studio, S. 70 / Africa Studio, S. 13, 61 /
Anna Hoychuk, S. 19 / AS Food studio, S. 27 / Barbara Neveu, S. 20, 21 / Brent Hofacker, S. 36 /
Diana Taliun, S. 25 / Elena Schweitzer, S. 69 / Elena Shashkina, S. 41 / Elena Veselova, S. 15, 30 /
etorres, S. 44, 47 / Family Business, S. 55 / flydragon, S. 73 / Ievgeniia Maslovska, S. 50 /
imozhaeva, S. 63 (groß) / JFunk, S. 43 / Kati Molin, S. 33 / Kris Tan, S. 35 / Lanav, S. 49 / Melica, S. 58 /
nadisja, S. 28 / Ruth Black, S. 63 (klein), 65, 66 / sarsmis, S. 53 / Shashkina, S. 43 / stockcreations, S. 75 /
Tatiana Volgutova, S. 39 / vanillaechoes, S. 16

Impressum
© 2018 NICI GmbH / www.nici.de / All Rights Reserved.
© 2018 Kids & Concepts GmbH • Senefelderstr. 22 • D-70176 Stuttgart
Konzeption: Cora Friedrich • Kids & Concepts GmbH
Grafik: AW Grafik Design • Andrea Bala
Gedruckt in Europa
www.friendz-verlag.de

Hinweis
Alle Informationen in diesem Buch wurden vom Verlag sorgfältig erwogen und geprüft. Der Verlag
übernimmt keinerlei Haftung für etwaige Personen-, Sach- und Vermögensschäden, die sich aus
dem Gebrauch dieses Buches ergeben.
Bitte die Herstellerangaben der zu verwendenden Produkte und Geräte beachten!

Die große Einhorn-Party

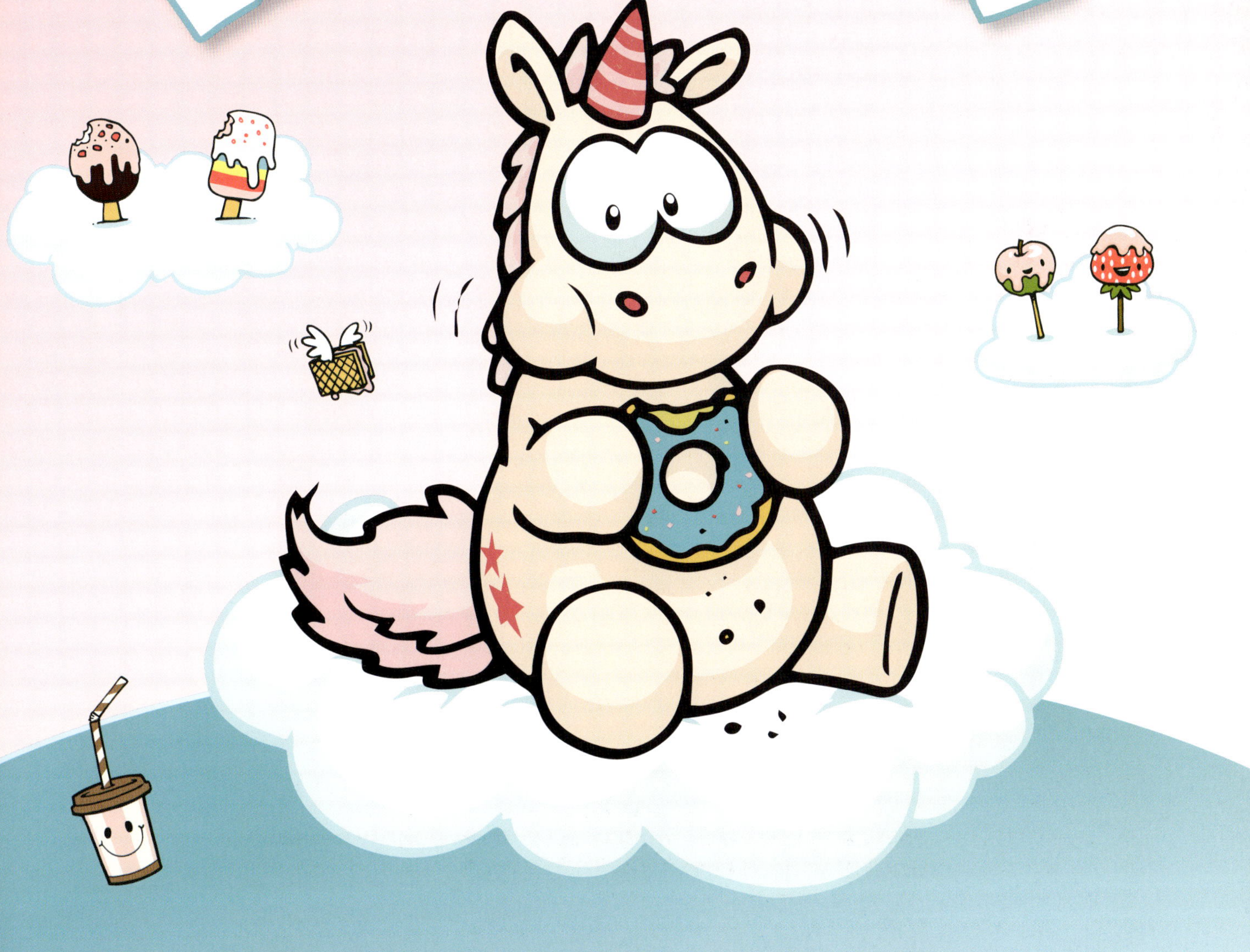

Backen · Basteln · Spaß haben

Inhalt

Leckereien

Süße Einhorn-Macarons 9
Leckere Löffelschokolade 12
Erdbeer-Milchshake 14
Regenbogen-Cupcakes 17
Vanillekekse 18
Regenbogen-Eiscreme 20
Theodor-Kuchen 22
Mhm, Marshmallows! 24
Frischkäse-Quark-Lollis 26
Bunte Baisers 29
Vanilletraum 31
Pinkfarbenes Popcorn 32
Crêpes Cake 34
Kunterbunte Kekse 37
Mini-Pavlovas 38
Gestreiftes Smoothie-Eis 40
Konfetti-Cake-Pops 42
Regenbogen-Bagels 45
Wohoo, Whoopies! 48

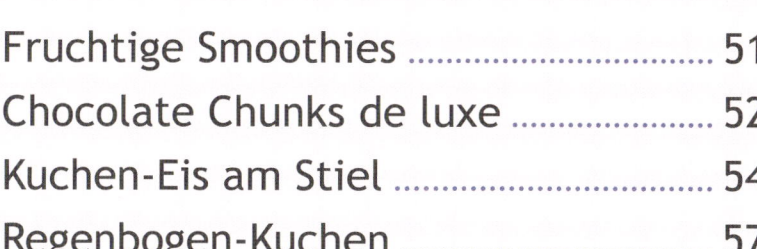

Fruchtige Smoothies	51
Chocolate Chunks de luxe	52
Kuchen-Eis am Stiel	54
Regenbogen-Kuchen	57
Hübsche Hefe-Donuts	59
Himbeer-Macarons	62
Regenbogen im Glas	64
Einhorn-Torte	67
Schoko-Früchtchen	71
Sandwich-Eis	72
Herzige Waffeln am Stiel	74

Bastelideen

Coole Einladungskarten	76
Fliegende Donuts	78
Süße Tischkärtchen	80
Niedliche Cupcake-Sticks	82
Bunte Einhorn-Girlande	84
Wundervolle Windlichter	87
Vorlagen	88

Süße Einhorn-Macarons

Zutaten:
für etwa 20 Stück

Für den Teig:
- 120 g geschälte und gemahlene Mandeln
- 2 Eiweiß
- 1 Prise Salz
- 150 g Puderzucker

Für die Füllung:
- 50 g weiße Schokolade
- 50 g Sahne
- Mark einer Vanilleschote

Für die Deko:
- 125 g Puderzucker
- 1–2 EL Wasser
- schwarzer Lebensmittelstift
- Lebensmittelfarbe in Gold und Pink
- lebensmittelechter Puder in Rot
- Zuckerperlen

Außerdem:
- vorbereitetes Backpapier mit Macarons-Vorlagen
- Spritzbeutel mit großer Lochtülle und mit kleinerer Sterntülle
- sauberer Lebensmittelpinsel

1. Auf ein Backpapier mit Bleistift gleich große Kreise zeichnen. Am besten einen runden Keksausstecher oder ein kleines Glas als Schablone verwenden. 3 Zentimeter Durchmesser wären ideal.

2. An die Hälfte der Kreise kleine Öhrchen und ein Horn zeichnen. Das werden die Deckel.

Tipp:
Mit anderen Farben und einem längeren Horn sieht das Einhorn gleich ganz anders aus. Toll sind auch bunte Einhörner. Dazu einfach Lebensmittelfarbe in den Teig mischen.

3. Später unbedingt darauf achten, das Backpapier umzudrehen, sodass die bemalte Fläche nicht mit dem Teig in Berührung kommt.

4. Nun den Teig vorbereiten. Die gemahlenen Mandeln müssen sehr fein sein, daher eventuell noch mal in einem Mixer zerkleinern. Dann Mandeln mit 150 g Puderzucker vermischen und durch ein Sieb in eine Schüssel sieben.

5. In einer anderen Schüssel Eiweiß mit Salz erst kurz auf niedrigster, dann auf höchster Stufe steif schlagen.

6. Nun den Eischnee vorsichtig unter die Mandel-Puderzucker-Mischung heben. Nicht rühren, sonst fällt der Eischnee zusammen!

7. Mit dem Spritzbeutel mit großer Lochtülle den Teig auf ein Backblech mit dem vorbereiteten Backpapier spritzen. Bei den Deckeln die Öhrchen und Hörner nicht vergessen.

8. Macarons zum Vortrocknen nun etwa 45 Minuten stehen lassen. Anschließend bei 100 Grad im vorgeheizten Backofen für etwa 30 bis 40 Minuten trocknen lassen.

9. Macarons abkühlen lassen und die Deckel verzieren. Mit dem Lebensmittelstift die Augen aufzeichnen, mit Goldfarbe die Öhrchen und das Horn anmalen und mit dem Puder und einem sauberen Lebensmittelpinsel die Bäckchen rot färben.

10. Für die bunte Mähne 125 g Puderzucker in eine Schüssel sieben, nach und nach Wasser hinzufügen und mit Lebensmittelfarbe pink einfärben.

11. Die Zuckermasse in einen Spritzbeutel mit kleiner Sterntülle geben und den Einhörnern die Locken aufspritzen. Mit Zuckerperlen dekorieren.

12. Für die Füllung die Schokolade im Wasserbad schmelzen, Sahne und Vanillemark hinzufügen und gut verrühren.

13. Creme entweder mithilfe eines Spritzbeutels oder mit zwei Teelöffeln auf den unteren Hälften der Macarons verteilen.

14. Obere Hälfte der Macarons auflegen, vorsichtig leicht andrücken und die hübschen Einhörner gleich selbst vernaschen oder verschenken.

Leckere Löffelschokolade

Zutaten:

Für 3 Löffel mit weißer Schokolade
- 50 g weiße Schokolade
- Zimtpulver nach Belieben
- bunte Zuckerstreusel
- etwas flüssige dunkle Schokolade

Für 3 Löffel mit dunkler Schokolade
- 50 g Zartbitterschokolade
- Vanillearoma nach Belieben
- bunte Zuckerstreusel
- etwas flüssige weiße Schokolade

Außerdem:
- Suppenlöffel

1. Schokolade jeweils im Wasserbad schmelzen und das Zimtpulver beziehungsweise das Vanillearoma unterrühren.

2. Geschmolzene Schokolade in ein Gefäß mit Ausgießer füllen und auf die vorbereiteten Suppenlöffel gießen.

3. Schokolade nach Belieben mit bunten Streuseln und Schokoladenmustern verzieren, solange die Löffelschokolade noch nicht ganz getrocknet ist.

4. Zum Trinken den Löffel in 150 ml heiße, eventuell sogar aufgeschäumte Milch geben und warten, bis die Schokolade sich aufgelöst hat. Gelegentlich umrühren und dann genießen.

Tipp:
In Zellophan verpackt und mit bunten Bändern hübsch verziert, sind Löffelschokoladen tolle, kleine Geschenke. Wer keinen richtigen Esslöffel verschenken möchte, kann auch auf Einwegholzlöffel zurückgreifen.

Erdbeer-Milchshake

Zutaten:
für etwa 4 Gläser

Für den Shake:
- 500 g Erdbeeren
- Puderzucker nach Bedarf
- Vanilleextrakt nach Bedarf
- 2 Kugeln Erdbeereis
- 500 ml Milch

Für die Deko:
- Puderzucker
- Wasser
- bunte Zuckerperlen
- 200 ml Sahne
- Schokoladenstreusel
- Schokoladensoße

Außerdem:
- hohe Gläser
- Spritzbeutel

1. Zuerst die Deko der Gläser vorbereiten. In einem Schälchen Puderzucker mit Wasser zu einem Guss vermischen. Der Zuckerguss sollte nicht zu flüssig sein. Gläser mit dem Rand in den Guss tunken. Bevor der Guss getrocknet ist, das Glas in einem Schälchen voller Zuckerperlen drehen, bis der Rand vollständig mit Zuckerperlen bedeckt ist.

2. Für den Shake die Erdbeeren waschen, entstielen und zusammen mit dem Eis und der Milch pürieren. Bei Bedarf Puderzucker und Vanilleextrakt hinzufügen. Milchshake auf die Gläser verteilen.

3. Sahne steif schlagen und mithilfe eines Spritzbeutels kleine Sahnehauben auf die Shakes spritzen. Zum Schluss mit Zuckerperlen, Schokostreuseln und Schokoladensoße verzieren.

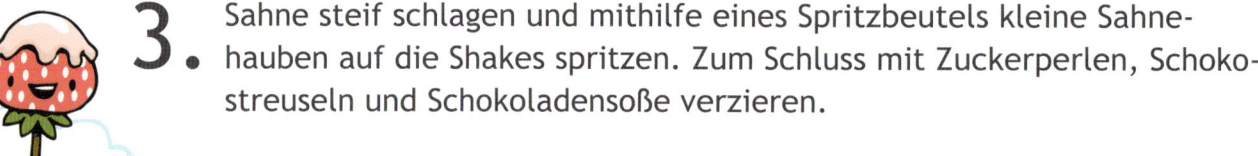

Tipp: Wenn gerade keine Erdbeeren zur Hand sind, einfach ein paar Löffel Erdbeermarmelade nehmen.

Regenbogen-Cupcakes

Zutaten:
für etwa 12 Stück

Für den Teig:
- 3 Eier
- 1 Prise Salz
- 160 g Zucker
- 1 Pck. Vanillezucker
- 70 g weiche Butter
- 200 g Mehl
- 2 gestr. TL Backpulver
- 140 ml Milch
- Lebensmittelfarben

Für die Deko:
- etwa 100 g Puderzucker
- Wasser oder Zitronensaft
- Zuckerstreusel

Außerdem:
- Muffinförmchen

1. Für den Teig Eier in einer Schüssel zu einer cremigen Masse aufschlagen und Salz, Zucker und Vanillezucker einrieseln lassen. Stückchenweise die Butter hinzufügen und alles weiter schaumig schlagen. Mehl mit Backpulver vermischen, dann abwechselnd Milch und das gesiebte Mehl-Backpulver-Gemisch in den Eierschaum einrühren.

2. Den Teig in gleich große Portionen aufteilen und jede Teigportion mit einer anderen Farbe einfärben. Die vorbereiteten Muffinförmchen etwa bis zur Hälfte mit Teig füllen. Dazu löffelweise immer eine andere Teigfarbe direkt in die Mitte geben.

3. Muffins für 10 bis 15 Minuten bei 180 Grad im vorgeheizten Backofen backen.

4. Für die Deko Puderzucker mit so viel Wasser oder Zitronensaft vermischen, bis die gewünschte Konsistenz für den Zuckerguss erreicht ist. Den Guss auf die noch leicht warmen Muffins geben und mit Zuckerstreuseln verzieren.

Vanillekekse

Zutaten:
für etwa 65 Stück

Für den Teig:
- 250 g Mehl
- 1 TL Backpulver
- 75 g Zucker
- 2 Pck. Vanillezucker
- 1 Ei
- 125 g weiche Butter
- Vanillearoma nach Belieben

Für die Deko:
- 200 g Puderzucker
- Wasser
- Lebensmittelfarben
- etwa 100 g grober Zucker

1. Mehl und Backpulver in eine Schüssel sieben. Dann Zucker, Vanillezucker, Ei und Butter sowie Aroma nach Belieben hinzufügen und alles mit dem Handrührgerät erst kurz auf niedrigster, dann auf höchster Stufe verrühren.

2. Teig auf einer leicht bemehlten Arbeitsfläche durchkneten und daraus dann Rollen mit etwa 3 Zentimeter Durchmesser formen. Die Rollen in Frischhaltefolie einwickeln und für mehrere Stunden, am besten über Nacht, in den Kühlschrank legen.

3. Die Teigrollen in dünne Scheiben schneiden und diese auf ein mit Backpapier ausgelegtes Backblech legen. Die Scheiben sollten alle gleich dick sein. Kekse für etwa 10 Minuten bei 180 Grad im vorgeheizten Backofen backen.

4. Für die Deko Puderzucker in eine Schüssel sieben und mit so viel Wasser vermischen, bis eine glatte, aber dickflüssige Masse entsteht. Die Masse auf Schälchen verteilen und jede Portion mit einer anderen Lebensmittelfarbe einfärben. Die Kekse mit Zuckerguss überziehen und mit dem groben Zucker bestreuen, solange der Guss noch nicht getrocknet ist.

Regenbogen-Eiscreme

Zutaten:

- 400 ml Sahne
- 400 g gezuckerte Kondensmilch
- 1 TL Vanilleextrakt
- Lebensmittelfarben
- bunte Zuckerstreusel und -perlen

Außerdem:
- gefriergeeigneter Behälter

1. Sahne steif schlagen und Kondensmilch und Vanilleextrakt hinzufügen.

2. Masse auf verschiedene Schälchen verteilen und jede Portion mit einer anderen Lebensmittelfarbe einfärben.

3. Abwechselnd unterschiedlich große Kleckse aus den Schälchen in den gefriergeeigneten Behälter füllen. Der Behälter sollte nicht ganz bis zum Rand mit der Masse gefüllt sein. Mit Zuckerstreuseln und -perlen bestreuen.

4. Behälter mit einem Deckel verschließen oder mit Frischhaltefolie abdecken und für mehrere Stunden, am besten über Nacht, ins Gefrierfach stellen.

Theodor-Kuchen

Zutaten:

Für den Teig:
- 2 Eier
- 160 g Zucker
- 190 g Mehl
- ½ Pck. Backpulver
- 150 g Joghurt
- Himbeeraroma nach Belieben
- Lebensmittelfarbe in Rot

Für die Creme:
- 200 g Frischkäse
- Puderzucker nach Belieben
- Lebensmittelfarbe in Lila und Rosa

Für die Deko:
- Zuckerschrift in Schwarz und Rot
- Glitzerzucker in Rosa

1. Eier und Zucker schaumig schlagen. Mehl und Backpulver sieben und zusammen mit dem Joghurt in die Eier-Zucker-Masse geben. Lebensmittelfarbe und gegebenenfalls Aroma hinzufügen und alles gut miteinander verrühren, bis ein glatter Teig entsteht.

2. Teig in die Theodor-Backform füllen und den Kuchen für circa 45 Minuten bei 180 Grad im vorgeheizten Backofen backen. Nach dem Backen Kuchen erst aus der Form stürzen, wenn er abgekühlt ist.

3. Für die Creme Frischkäse cremig rühren und je nach Geschmack Puderzucker hinzufügen. Etwa 75 g der Creme in eine andere Schüssel füllen und mit Lebensmittelfarbe lila färben. Weitere 25 g der weißen Creme in eine andere Schüssel geben und rosa färben. Theodors Körper mit der weißen Creme, Mähne und Schweif mit der lilafarbenen und sein Horn mit der rosafarbenen Creme ummanteln. Etwas rosafarbene Creme auf die Nasenlöcher geben.

4. Mit den Zuckerstiften Nasenlöcher und Augen umranden und Pupillen, Hüftsterne und Hornstreifen malen. Mähne, Schweif und Sterne mit Glitzerzucker bestreuen.

Außerdem:
Silikonbackform „Einhorn Theodor" von NICI

Mhm, Marshmallows!

Zutaten:
für etwa 25 Stück

- 2 Pck. gemahlene Gelatine
- 250 g Puderzucker
- 150 ml kaltes Wasser
- 1 EL Speisestärke
- 1 EL neutrales Speiseöl
- 1 Prise Salz
- 2 Pck. Vanillezucker
- Lebensmittelfarbe

Außerdem:
- quadratische Backform

1. 1 Esslöffel Puderzucker mit Speisestärke vermischen und damit die mit Öl eingefettete Backform einstäuben.

2. Restlichen Puderzucker in eine Schüssel sieben und beiseitestellen.

3. Gelatine mit Vanillezucker, Salz und Wasser in einem Topf verrühren, etwa 2 Minuten quellen lassen und dann unter Rühren erhitzen, bis die Gelatine sich aufgelöst hat.

4. Die flüssige Gelatine sofort zum Puderzucker gießen. Mit einem Rührgerät die Masse schaumig schlagen und die Lebensmittelfarbe nach Belieben unterrühren.

5. Masse in die Backform füllen, glatt streichen und mit Frischhaltefolie abdecken. Für mehrere Stunden in den Kühlschrank stellen, bis die Masse schnittfest ist.

Tipp:
Mit Ausstechern können auch ganz verschiedene Formen aus der Masse gestochen werden. Die Ausstecher vorher leicht einölen.

6. Die schnittfeste Marshmallow-Masse aus der Form lösen und auf eine saubere, mit etwas Puderzucker bestäubte Arbeitsfläche legen. Mit einem leicht eingeölten Messer die Masse in kleine Rechtecke schneiden.

Frischkäse-Quark-Lollis

Zutaten:
für etwa 20 Stück

Für die Kugeln:
- 300 g Frischkäse
- 150 g Quark
- 100 g Puderzucker
- 1 Pck. Vanillezucker

Für die Deko:
- 200 g dunkle Kuvertüre
- Zuckerstreusel, -perlen, essbares Konfetti

Außerdem:
- Sieb
- sauberes Geschirrtuch
- Lollistiele, Holzspieße o. Ä.

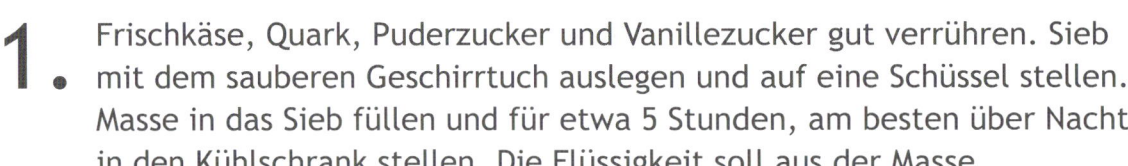

1. Frischkäse, Quark, Puderzucker und Vanillezucker gut verrühren. Sieb mit dem sauberen Geschirrtuch auslegen und auf eine Schüssel stellen. Masse in das Sieb füllen und für etwa 5 Stunden, am besten über Nacht, in den Kühlschrank stellen. Die Flüssigkeit soll aus der Masse.

2. Mit der Hand kleine, gleich große Kugeln aus der Masse formen. Kugeln gegebenenfalls erneut in den Kühlschrank stellen.

3. Kuvertüre im Wasserbad schmelzen. Lollistiele etwa 1 Zentimeter in die geschmolzene Kuvertüre halten, sofort in die vorbereiteten Frischkäse-Quark-Kugeln stecken und trocknen lassen. So halten die Stiele besser. Dann jede Kugel in die Kuvertüre tauchen und vollständig mit Schokolade beziehen. Bevor die Schokolade fest ist, Kugeln mit Zuckerperlen, -streuseln und essbarem Konfetti verzieren. Zum Trocknen zum Beispiel in ein mit Zucker gefülltes Glas stecken.

Tipp:
Backdauer variiert je nach Größe der Häufchen und gewünschtem Trocknungsgrad der Baisers. Wer seine Baisers außen knusprig und innen eher weich möchte, prüft das nach etwa 30 Minuten. Bei komplett durchgetrockneten Baisers kann es auch 2 Stunden dauern. Bitte immer wieder prüfen und die Baisers nicht verbrennen lassen.

Bunte Baisers

Zutaten:

- 2 Eier
- 125 g Zucker
- 1 Prise Salz
- Lebensmittelfarben (Gel oder Paste, kein Pulver)
- Aroma nach Belieben

Außerdem:
- Spritzbeutel mit Tülle

1. Eier vorsichtig trennen, da nur das reine Eiweiß gebraucht wird. Eigelb für etwas anderes verwenden. Eiweiß in eine fettfreie Rührschüssel geben.

2. Eiweiß auf mittlerer Stufe schlagen und nach und nach Salz und Zucker einrieseln lassen. Gegebenenfalls das Aroma hinzufügen. Dann das Rührgerät auf die höchste Stufe stellen und die Eischneemasse so lange schlagen, bis sie steif ist.

3. Mit dem Griff einer Kuchengabel oder einem sauberen Lebensmittelpinsel Linien mit Lebensmittelfarbe in den Spritzbeutel malen. Dazu einfach unten an der kleinen Öffnung ansetzen und die Linien nach oben ziehen.

4. Eischnee in den Spritzbeutel füllen und mit kreisenden Bewegungen kleine Kringel auf das mit Backpapier ausgelegte Backblech spritzen. Kleine Tupfen oder runde Kleckse sind natürlich auch möglich.

5. Baisers zwischen 30 Minuten und 2 Stunden bei 130 Grad im vorgeheizten Backofen trocknen lassen.

Tipp:
Statt Vanilleeis schmeckt auch weißes Schokoladeneis superlecker! Entweder alle Vanilleeiskugeln ersetzen oder die beiden Eissorten mischen.

Vanilletraum

Zutaten:
für etwa 4 Gläser

Für den Shake:
- 8 Kugeln Vanilleeis
- 1 l Milch
- Puderzucker nach Bedarf
- Vanilleextrakt nach Bedarf

Für die Deko:
- Puderzucker
- Wasser
- bunte Zuckerperlen
- 200 ml Sahne

Außerdem:
- hohe Gläser
- Spritzbeutel

1. Zuerst die Deko der Gläser vorbereiten. In einem Schälchen Puderzucker mit Wasser zu einem Guss vermischen. Der Zuckerguss sollte nicht zu flüssig sein. Gläser mit dem Rand in den Guss tunken. Bevor der Guss getrocknet ist, das Glas in einem Schälchen voller Zuckerperlen drehen, bis der Rand vollständig mit Zuckerperlen bedeckt ist.

2. Für den Shake Eis und Milch pürieren und nach Bedarf Puderzucker und Vanilleextrakt hinzufügen. Milchshake auf die Gläser verteilen.

3. Sahne steif schlagen und mithilfe eines Spritzbeutels kleine Sahnehauben auf die Shakes spritzen. Zum Schluss mit bunten Zuckerperlen garnieren.

Pinkfarbenes Popcorn

Zutaten:

- 50 g Popcornmais
- 200 g weiße Schokolade
- etwa 3 EL Speiseöl
- Zimtpulver nach Belieben
- Lebensmittelfarbe in Pink

1. Schokolade in Stücke brechen und im Wasserbad schmelzen. Lebensmittelfarbe und Zimtpulver nach Belieben unterrühren.

2. Öl und Maiskörner in einen Topf geben. Der Topf muss so groß sein, dass die Körner nur den Boden bedecken. Einen Deckel auf den Topf setzen und den Mais bei starker Hitze zum Aufpoppen bringen. Aufpassen, dass das Popcorn nicht anbrennt! Sobald keine Popp-Geräusche mehr zu hören sind, ist das Popcorn fertig.

3. Popcorn in eine Schüssel umfüllen und mit der pinkfarbenen Schokolade vermischen.

4. Das fertige Popcorn auf ein mit Backpapier ausgelegtes Backblech verteilen und die Schokolade fest werden lassen.

Tipp:
Statt weißer Schokolade dunkle Schokolade und etwas Erdnussbutter nehmen.

Crêpes Cake

Zutaten:
für etwa 15 Crêpes

Für die Crêpes:
- 4 Eier
- 300 ml Milch
- 20 g Zucker
- 1 Prise Salz
- 50 g weiche Butter
- 180 g Mehl
- 1 Msp. Backpulver
- Lebensmittelfarbe in Lila, Gelb, Orange, Rot und Türkis
- etwas Öl für die Pfanne

Für die Creme:
- 200 g Sahne
- 2 Pck. Vanillezucker
- 100 g Mascarpone

Für die Soße:
- 500 g Erdbeeren
- 1 Pck. Vanillezucker

Für die Deko:
- Zuckerstreusel

1. Für den Teig Eier, Milch, Zucker, Salz und Butter verrühren. Mehl und Backpulver mischen und durch ein Sieb zur Masse hinzufügen. Alles gut miteinander verrühren (Rührgerät).

2. Teig in 5 Portionen teilen und jede Teigportion mit einer anderen Lebensmittelfarbe färben.

3. Etwas Öl in einer Pfanne erhitzen. Eine kleine Menge Teig (etwa eine halbe Suppenkelle) in die Pfanne geben und die Pfanne schwenken, sodass der gesamte Pfannenboden dünn mit Teig bedeckt ist. Dann den Teig ausbacken. So mit dem restlichen Teig und mit allen weiteren Teigportionen verfahren.

4. Für die Creme die Sahne mit 2 Päckchen Vanillezucker steif schlagen und unter den Mascarpone heben.

5. Die erste Crêpe auf einen großen Teller legen und gleichmäßig dünn mit Creme bestreichen. So mit allen weiteren Crêpes verfahren. Dabei die gewünschte Reihenfolge der Farben beachten. Zum Schluss die Crêpes-Torte komplett mit Creme einkleiden.

6. Für die Soße Erdbeeren und Vanillezucker pürieren. Das Püree durch ein Sieb streichen, um die Kernchen zu entfernen. Püree und Streusel vor dem Verzehr über die einzelnen Tortenstücke geben.

Kunterbunte Kekse

Zutaten:
für etwa 15 Stück

 200 g Mehl
 ½ gestr. TL Backpulver
 125 g weiche Butter
 100 g Zucker

 50 g brauner Zucker
 1 Pck. Vanillezucker
 1 Prise Salz
 Schokolinsen

1. Mehl und Backpulver in eine Schüssel sieben und dann alle restlichen Zutaten, bis auf die Schokolinsen, hinzufügen.

2. Mit einem Rührgerät (Knethaken) die Zutaten erst auf niedrigster, dann auf höchster Stufe verrühren. Masse mit der Hand zu einem Teig kneten und daraus etwa walnussgroße Kugeln formen. Kugeln mit genügend Abstand auf ein mit Backpapier ausgelegtes Backblech setzen und etwas flach drücken. In jeden Keks beliebig viele Schokolinsen leicht eindrücken.

3. Die Kekse für 10 bis 15 Minuten bei 180 Grad im vorgeheizten Backofen backen.

Tipp:
Auch Schokolinsen mit Erdnüssen schmecken toll!

Mini-Pavlovas

Zutaten:
für etwa 10 Stück

Für das Baiser:
- 4 Eiweiß
- 1 Prise Salz
- 200 g Puderzucker
- 2 Pck. Vanillezucker
- 1 TL Zitronensaft
- 1 TL Speisestärke

Für den Belag:
- 500 g Blaubeeren
- 400 g Sahne
- 1 Pck. Vanillezucker
- Minzblättchen
- etwas Puderzucker

1. Den Backofen auf 180 Grad vorheizen.

2. Eiweiß und Salz mit dem Rührgerät steif schlagen. Nach und nach Puderzucker und 2 Päckchen Vanillezucker einrieseln lassen und auf höchster Stufe weiterschlagen, bis sich der Zucker aufgelöst hat. Zitronensaft und Speisestärke unterrühren.

3. Mit der Eiweißmasse kleine Kreise von etwa 10 Zentimeter Durchmesser auf ein mit Backpapier ausgelegtes Backblech streichen.

4. Backblech in den Ofen schieben und die Temperatur auf 100 Grad reduzieren. Eiweißmasse für etwa 1 Stunde backen. Dann den Ofen ausschalten und die Mini-Pavlovas im Backofen bei geöffneter Tür erkalten lassen.

5. Für den Belag die Blaubeeren waschen und gut abtropfen lassen. Sahne mit 1 Päckchen Vanillezucker steif schlagen und mittig auf den Baiser-Böden verteilen. Pavlovas mit Blaubeeren und je einem Minzblättchen garnieren und mit Puderzucker bestäuben.

Gestreiftes Smoothie-Eis

Zutaten:
für etwa 8 Stück

 200 g Erdbeeren
 200 g Mango
 3 Kiwis
 Honig oder Puderzucker nach Bedarf

Außerdem:
 Pürierstab
 Eisförmchen
 ggf. Eisstiele

1. Erdbeeren waschen, entstielen, klein schneiden und pürieren. Nach Bedarf süßen.

2. Erdbeermus in die vorbereiteten Eisförmchen füllen und für etwa 30 Minuten im Gefrierfach anfrieren lassen.

3. Mango waschen, schälen, Fruchtfleisch vom Stein schneiden, klein würfeln und pürieren. Nach Bedarf süßen.

4. Mangomus auf die angefrorene Schicht Erdbeermus in die Förmchen füllen. Eisstiele reinstecken und die Förmchen wieder für etwa 30 Minuten ins Gefrierfach stellen.

5. Kiwis schälen, klein schneiden und pürieren. Nach Bedarf süßen.

6. Kiwimus auf die angefrorene Schicht Mangomus in die Förmchen füllen und die Förmchen für mindestens 5 Stunden, am besten über Nacht, ins Gefrierfach stellen, bis das Eis komplett durchgefroren ist.

5. Kuvertüre im Wasserbad schmelzen. Lollistiele etwa 1 Zentimeter in die geschmolzene Kuvertüre halten, sofort in die vorbereiteten Kuchenkugeln stecken und trocknen lassen. So halten die Stiele besser. Jeden Kuchenlolli in die Kuvertüre tauchen, vollständig mit Schokolade beziehen und abtropfen lassen. Zum Trocknen umgedreht auf Backpapier stellen. Bevor die Schokolade fest ist, Kugeln mit Konfetti verzieren.

Konfetti-Cake-Pops

Zutaten:
für etwa 20 Stück

Für den Teig:
- 75 g weiche Butter
- 70 g Zucker
- 1 Pck. Vanillezucker
- 1 Prise Salz
- 2 Eier
- 5 EL Buttermilch
- 100 g Mehl
- 1 Msp. Backpulver
- 50 g gemahlene Mandeln

Für die Creme:
- 50 g Frischkäse
- 50 g Puderzucker

Für die Deko:
- 200 g weiße Kuvertüre
- essbares Konfetti

Außerdem:
- kleine Kastenform (16–8 cm)
- Lollistiele, Holzspieße o. Ä.

1. Für den Teig Butter, Zucker, Vanillezucker, Salz und Eier schaumig schlagen. Buttermilch hinzufügen. Mehl und Backpulver sieben und mit den Mandeln vermischen. Gemisch nach und nach unter die Masse rühren.

2. Teig in die gefettete und bemehlte Kastenform füllen und etwa 25 bis 30 Minuten bei 180 Grad im vorgeheizten Backofen backen.

3. Kuchen auf einem Kuchengitter vollständig abkühlen lassen und dann in eine Schüssel krümeln.

4. Für die Creme Frischkäse kurz aufschlagen und mit Puderzucker gut vermischen. Creme zu den Kuchenkrümeln hinzufügen und alles gut verkneten. Aus der Masse gleich große Kugeln formen und diese abgedeckt für etwa 1 Stunde in den Kühlschrank stellen.

Tipp:
Wer keine Eisförmchen hat, kann das Fruchtmus auch in kleine, gefriergeeignete Gefäße füllen. Die Eisstiele dann erst nach Zugabe des Kiwimuses reinstecken und gut in die darunterliegende, angefrorene Mangoschicht drücken.

Regenbogen-Bagels

Zutaten:
für etwa 12 Stück

Für den Teig:
- 450 g Mehl
- 50 g Speisestärke
- 1 Pck. Trockenhefe
- 1 gestr. TL Salz
- 3 gestr. TL Zucker
- 250 ml warmes Wasser
- 1 Ei
- Lebensmittelfarbe in Gelb, Orange, Rot, Lila, Blau und Grün (kein Pulver)

Für die Creme:
- 200 g Frischkäse
- 120 g Puderzucker
- 1 Pck. Vanillezucker
- Aroma nach Belieben
- bunte Zuckerstreusel

Außerdem:
- Wasser
- Pinsel

1. Für den Teig Mehl, Speisestärke und Trockenhefe in einer Schüssel gut vermischen. Restliche Zutaten, außer der Lebensmittelfarbe, hinzufügen und mit einem Rührgerät (Knethaken) kurz auf niedrigster Stufe verrühren. Dann auf höchster Stufe zu einem glatten Teig verarbeiten. Den Teig zugedeckt an einen warmen Ort stellen und gehen lassen, bis er sich sichtlich vergrößert hat.

2. Den Teig auf einer leicht bemehlten Arbeitsfläche gut durchkneten. Wenn der Teig zu klebrig ist, noch etwas Mehl hinzufügen. Teig in gleiche Portionen teilen und jede Teigportion mit einer anderen Lebensmittelfarbe färben. Sorgfältig durchkneten, damit die Portionen gleichmäßig gefärbt sind.

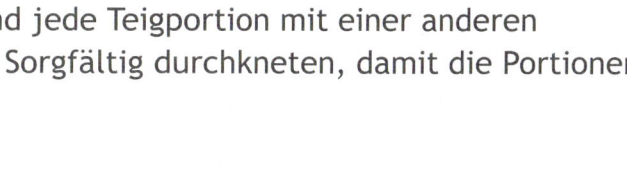

3. Aus jeder Teigportion eine Rolle formen. Alle Rollen sollten etwa gleich lang und gleich dick sein. Jede Teigrolle mit etwas Wasser einpinseln. Danach die Rollen nebeneinanderlegen und zu einer großen Teigrolle zusammenrollen.

4. Die Teigrolle in 12 gleich große Stücke teilen und daraus kleinere Rollen mit der gewünschten Dicke für die Bagels formen. Die einzelnen Rollen sollten etwa gleich dick sein. Je nachdem, wie das Regenbogenmuster aussehen soll, die Rollen in sich mehr oder weniger stark verdrehen. Jede Rolle zu einem Kreis zusammenlegen und die beiden Enden leicht zusammendrücken.

5. Bagels mit genügend Abstand zueinander auf ein mit Backpapier ausgelegtes Backblech legen und noch mal etwa 15 Minuten ruhen lassen. Anschließend mit etwas Wasser bepinseln und für 20 bis 30 Minuten bei 160 Grad im vorgeheizten Ofen backen. Nach etwa 10 Minuten die Bagels erneut mit Wasser bepinseln.

6. Für die Streuselcreme Frischkäse glatt rühren, Puderzucker und Vanillezucker einrieseln lassen und alles gut vermischen. Nach Belieben Aroma hinzufügen und Zuckerstreusel untermengen. Die aufgeschnittenen Bagels mit der Creme bestreichen.

Tipp:
Aus der großen, gefärbten Teigrolle keine kleinen Rollen, sondern Kugeln formen. Das ergibt dann bunte „Buns", also Brötchen.

Wohoo, Whoopies!

Zutaten:
für etwa 15 Stück

Für den Teig:
- 160 g Mehl
- 1½ TL Backpulver
- 50 g Kakaopulver
- 100 g weiche Butter
- 100 g Puderzucker
- 1 Prise Salz
- 1 Ei
- 100 g Buttermilch

Für die Creme:
- 80 g weiße Schokolade
- 150 g Frischkäse

Außerdem:
- Spritzbeutel mit großer Lochtülle und kleiner Sterntülle

1. Für die Füllung weiße Schokolade im Wasserbad schmelzen und zur Seite stellen. In einer anderen Schüssel Frischkäse cremig rühren und mit der auf Zimmertemperatur abgekühlten weißen Schokolade vermischen. Creme bis zur weiteren Verarbeitung in den Kühlschrank stellen.

2. Für den Teig Mehl und Backpulver in eine Schüssel sieben und mit Kakaopulver vermischen. In einer anderen Schüssel Butter mit Puderzucker und Salz schaumig schlagen. Nacheinander Ei, Buttermilch und Mehlgemisch zur Buttermasse geben und unterrühren.

3. Teig in den Spritzbeutel mit Lochtülle füllen und etwa 30 gleich große Kleckse auf ein mit Backpapier ausgelegtes Backblech spritzen. Genügend Abstand zwischen den Klecksen lassen und Kleckse eventuell mit einem angefeuchteten Löffel leicht flach drücken. Whoopies für 10 bis 12 Minuten bei 180 Grad im vorgeheizten Backofen backen. Nach dem Herausnehmen vollständig abkühlen lassen.

4. Die Hälfte der Whoopies umdrehen und auf diese Unterseiten die Creme mit dem Spritzbeutel mit Sterntülle spritzen. Whoopie-Deckel auflegen und leicht andrücken.

Tipp: Fruchtpürees mit Joghurt oder Milch vermischen.

Fruchtige Smoothies

Zutaten:
für etwa 4 Gläser

- 2 Kiwis
- 2 Bananen
- 4 Pfirsiche
- 200 g Himbeeren
- 200 g Blaubeeren
- Honig nach Belieben
- Orangensaft nach Belieben

Außerdem:
- 4 Gefäße für die einzelnen Geschmacksrichtungen

1. Kiwis schälen, in kleine Stücke schneiden und mit einer halben Banane pürieren.

2. Pfirsiche waschen, vom Stein lösen, in Stücke schneiden und mit einer halben Banane pürieren. Wer die Pfirsiche ohne Haut pürieren möchte, ritzt die Pfirsiche an der Spitze (nicht am Stiel) kreuzweise ein, taucht sie für 2 bis 3 Minuten in kochendes Wasser, schreckt sie nach dem Herausnehmen mit kaltem Wasser ab und zieht die Haut ab.

3. Die Beeren waschen und gut abtropfen lassen. Himbeeren mit einer halben Banane pürieren und separat mit den Blaubeeren ebenso verfahren.

4. Alle Fruchtpürees nach Belieben mit Honig süßen und wenn es flüssiger sein soll, jeweils etwas Orangensaft untermixen.

5. Löffelweise die einzelnen Fruchtpürees auf Trinkgläser verteilen.

Chocolate Chunks de luxe

Zutaten:
für etwa 25 Stück

 150 g Zartbitterschokolade
 150 g Vollmilchschokolade
 125 g Butter
 3 EL Honig
 150 g Butterkekse
 100 g kleine, bunte Marshmallows

Außerdem:
 Kastenform

Tipp:
Zusätzlich gehackte Nüsse oder klein geschnittene (Trocken-)Früchte hinzufügen.

1. Schokolade, Butter und Honig im Wasserbad schmelzen. Von der Masse eine kleine Menge in ein anderes Gefäß füllen und beiseitestellen.

2. Restliche Masse aus dem Wasserbad nehmen und Marshmallows sowie zerkleinerte Butterkekse unterrühren.

3. Masse in eine mit Frischhaltefolie ausgelegte Kastenform füllen. Oberfläche gegebenenfalls mit einem angefeuchteten Löffel glatt streichen. Darauf nun die beiseitegestellte Schokoladenmasse geben. Diese eventuell vorher noch mal im Wasserbad flüssig werden lassen.

4. Kastenform für mindestens 3 Stunden oder über Nacht in den Kühlschrank stellen. Danach Kastenform stürzen und Schokolade in mundgerechte Stücke schneiden.

Kuchen-Eis am Stiel

Zutaten:
für etwa 8 Stück

Für den Teig:
- 200 g weiche Butter
- 150 g Zucker
- 1 Pck. Vanillezucker
- 1 Prise Salz
- 3 Eier
- 100 g gemahlene Haselnüsse
- 100 g gemahlene Mandeln
- 150 g Mehl
- 2 gestr. TL Backpulver
- 100 g gehackte Schokolade

Für die Deko:
- 400 g weiße Schokolade
- Lebensmittelfarbe in Lila, Pink und Türkis
- Zuckerperlen und essbares Konfetti

Außerdem:
- Eisstiele

1. Butter in einer Schüssel mit dem Rührgerät cremig rühren und nach und nach Zucker, Vanillezucker und Salz einrieseln lassen. Die Eier hintereinander auf höchster Stufe unterrühren.

2. Mehl und Backpulver in eine andere Schüssel sieben und mit Haselnüssen und Mandeln mischen. Mehlgemisch am besten in zwei Portionen unter die Buttermasse rühren. Dann die gehackte Schokolade unterheben.

3. Teig in eine gefettete und mit Mehl bestäubte Kastenform (25 Zentimeter) füllen und für etwa 60 Minuten bei 180 Grad im vorgeheizten Backofen backen.

4. Aus dem vollständig erkalteten Kuchen kleine, nicht zu dünne Rechtecke schneiden und die Kanten abrunden.

> **Tipp:**
> Aus den Kuchenresten können leckere Cake Pops gemacht werden.

5. Die im Wasserbad geschmolzene weiße Schokolade in vier gleiche Portionen aufteilen und drei davon einfärben: lila, pink und türkis.

6. Die Kuchenstücke auf Eisstiele stecken und mit Schokoladenguss überziehen. Mit andersfarbigem Guss, Zuckerperlen und Konfetti verzieren. Auf einem mit Backpapier ausgelegten Backblech vollständig trocknen lassen.

Tipp:
Für noch mehr Gute-Regenbogen-Laune bunte Zuckerstreusel oder Zuckerperlen in den Teig mischen.

Regenbogen-Kuchen

Zutaten:

Für den Teig:
 2 Eier
 140 g Zucker
 2 Pck. Vanillezucker
 190 g Mehl
 ½ Pck. Backpulver
 150 g Joghurt

Für die Deko:
 etwa 180 g Puderzucker
 Saft einer halben Zitrone
 Schokolinsen in Grün, Blau, Gelb, Lila, Orange
 Zuckerperlen
 100 g Frischkäse

Außerdem:
Silikonbackform „Regenbogen" von NICI

1. Eier, Zucker und Vanillezucker schaumig schlagen. Mehl und Backpulver sieben und zusammen mit dem Joghurt in die Eier-Zucker-Masse geben. Alles gut miteinander verrühren, bis ein glatter Teig entsteht.

2. Teig in die Regenbogen-Silikonbackform füllen und den Kuchen für etwa 45 Minuten bei 180 Grad im vorgeheizten Backofen backen. Nach dem Backen Kuchen erst aus der Form stürzen, wenn er abgekühlt ist.

3. Für die Regenbogenstreifen 160 g Puderzucker mit Zitronensaft mischen. Der Guss sollte nicht zu flüssig sein. Mit dem Guss die Schokolinsen auf den Kuchen kleben. Zuckerperlen auf die freien Flächen zwischen den Schokolinsen streuen.

4. Für die Wölkchen 100 g Frischkäse mit 20 g Puderzucker verrühren und auf den Kuchen streichen.

Hübsche Hefe-Donuts

Zutaten:
für etwa 12 Stück

Für den Teig:
- 150 ml Milch
- 60 g Butter
- 375 g Mehl
- 1 Pck. Trockenhefe
- 30 g Zucker
- 1 Pck. Vanillezucker
- 1 Prise Salz
- 1 Ei

Für die weiße Glasur:
- 200 g weiße Schokolade
- Zimtpulver nach Belieben
- Herzstreusel
- pinkfarbener Zuckerguss

Für die pinkfarbene Glasur:
- 120 g Puderzucker
- Zitronensaft oder Wasser
- Lebensmittelfarbe in Pink
- Zuckerperlen

Außerdem:
- zwei Gläser oder runde Ausstechförmchen mit unterschiedlichem Durchmesser
- neutrales Speiseöl zum Ausbacken

1. Für den Teig Milch erwärmen und darin die Butter schmelzen. In eine andere Schüssel Mehl sieben und mit Trockenhefe mischen. Alle restlichen Zutaten, auch die noch lauwarme Milch-Butter-Mischung, hinzufügen und mit dem Rührgerät (Knethaken) erst kurz auf niedrigster, dann auf höchster Stufe verarbeiten, bis ein glatter Teig entsteht. Teig abgedeckt an einen warmen Ort stellen und gehen lassen, bis er sich deutlich vergrößert hat.

2. Den Teig auf einer leicht bemehlten Arbeitsfläche nochmals durchkneten. Wenn er zu klebrig ist, noch etwas Mehl hinzufügen. Danach den Teig etwa 1 Zentimeter dick ausrollen. Aus dem Teig gleich große Kreise ausstechen und mit einem kleineren Ausstecher mittig aus jedem Kreis einen kleineren Kreis ausstechen, sodass ein Ring entsteht. Dafür eignen sich Gläser oder Ausstechförmchen. Die Teigringe erneut gehen lassen.

3. Das Öl in einem hohen Topf auf etwa 180 Grad erhitzen. Die Temperatur ist richtig, wenn sich an einem ins Öl gehaltenen Holzstiel kleine Bläschen bilden. Die Donuts von beiden Seiten je etwa 2 Minuten schwimmend im Öl ausbacken, mit der Schaumkelle herausnehmen und auf Küchenpapier abtropfen lassen.

4. Pinkfarbenen Zuckerguss aus Puderzucker, Zitronensaft und Lebensmittelfarbe herstellen. So viel Flüssigkeit oder Puderzucker unterrühren, bis der Guss die gewünschte Konsistenz hat. Den Zuckerguss am besten auf den noch warmen Donuts verteilen und diese mit Zuckerstreuseln bestreuen.

5. Für die weiße Glasur die Schokolade im Wasserbad schmelzen und das Zimtpulver unterrühren. Die noch warme Schokolade auf die Donuts geben und die Donuts mit Streuseln verzieren. Für die pinkfarbenen Zuckerguss-Linien die Schokolade auf dem Donut vollständig trocknen lassen und etwas von dem gefärbten Zuckerguss mit einem Löffel über den Donut träufeln.

Tipp:
Für ein niedliches Donut-Einhorn etwas weißen Fondant um einen Zahnstocher wickeln und als Horn in einen mit weißem Zuckerguss und Zuckerstreuseln verzierten Donut stecken.

Himbeer-Macarons

Zutaten:
für etwa 20 Stück

Für den Teig:
- 120 g geschälte und gemahlene Mandeln
- 2 Eiweiß
- 1 Prise Salz
- 150 g Puderzucker
- Lebensmittelfarbe in Pink

Für die Füllung:
- 80 g Mascarpone
- 2 EL Puderzucker
- 150 g Sahne
- 1 Pck. Vanillezucker
- 80 g Himbeeren

Außerdem:
- Spritzbeutel mit großer Lochtülle

1. Da die Mandeln sehr fein sein müssen, eventuell noch mal in einem Mixer zerkleinern. Mandeln mit 150 g Puderzucker vermischen und durch ein Sieb in eine Schüssel sieben.

2. In einer anderen Schüssel Eiweiß mit Salz aufschlagen und dann auf höchster Stufe steif schlagen.

3. Eischnee vorsichtig unter die Mandel-Puderzucker-Mischung heben. Nicht rühren, sonst fällt der Eischnee zusammen! Vorsichtig die Masse mit Lebensmittelfarbe färben.

4. Mit dem Spritzbeutel gleich große Kreise (mit etwa 3 Zentimeter Durchmesser) auf ein mit Backpapier ausgelegtes Backblech spritzen. Macarons zum Vortrocknen etwa 45 Minuten stehen lassen.

5. Macarons bei 100 Grad im vorgeheizten Backofen für 30 bis 40 Minuten trocknen lassen. Anschließend Macarons abkühlen lassen.

> **Tipp:**
> Als optisches Highlight die Creme etwas großzügiger auf die unteren Hälften spritzen und um die Creme herum ganze Himbeeren setzen. Obere Hälfte auflegen, vorsichtig leicht andrücken und mit getrockneten Himbeerstückchen verzieren.

6. Für die Füllung Mascarpone mit 2 Esslöffeln Puderzucker und etwas Sahne glatt rühren. Restliche Sahne mit Vanillezucker steif schlagen. Sahne anschließend unter die Mascarponecreme heben. Himbeeren waschen, klein schneiden und unter die Sahne-Mascarpone-Creme heben.

7. Himbeercreme entweder mithilfe eines Spritzbeutels oder mit zwei Teelöffeln auf den unteren Hälften der Macarons verteilen. Die oberen Hälften auflegen und vorsichtig leicht andrücken.

Regenbogen im Glas

Zutaten:
für etwa 6 Gläser

Für den Teig:
- 6 Eier
- 200 g Mehl
- 100 g Speisestärke
- 5 gestr. TL Backpulver
- 200 g Zucker
- 2 Pck. Vanillezucker
- 1 Prise Salz
- Lebensmittelfarbe in Rot, Orange, Gelb, Grün, Blau, Lila

Für die Creme:
- 250 g Puderzucker
- 150 g weiche Butter
- 1 Pck. Vanillezucker
- 2 EL Milch
- 2 EL Zitronensaft

Außerdem:
- Springform
- runder Ausstecher (Durchmesser etwas kleiner als bei den Gläschen)
- 6 Gläschen (250 ml)

1. Für den Teig Eier in einer Schüssel schaumig schlagen. Zucker, Vanillezucker und Salz dazugeben und weiterrühren. Mehl, Speisestärke und Backpulver durch ein Sieb nach und nach hinzufügen und unterrühren.

2. Teig in 6 Portionen teilen und jede Teigportion mit einer anderen Lebensmittelfarbe färben.

3. Jede Teigportion einzeln in der gefetteten und mit Mehl eingestäubten Springform für etwa 10 Minuten bei 190 Grad im vorgeheizten Backofen backen. Jeden Boden gut abkühlen lassen, bevor er aus der Form gelöst wird.

4. Für die Creme Butter und 1 Päckchen Vanillezucker so lange rühren, bis die Masse hell und cremig geworden ist. Puderzucker nach und nach dazugeben. Milch und Zitronensaft hinzufügen und alles zu einer geschmeidigen Masse verrühren. Masse abdecken und bis zur weiteren Verwendung kalt stellen.

5. Aus jedem Boden 6 Kreise ausstechen. Einen lilafarbenen Boden auf einen Teller legen, gleichmäßig mit etwas Creme bestreichen, dann einen blauen Boden vorsichtig auflegen und mit Creme bestreichen. So weiter verfahren und die Reihenfolge der Farben beachten. Auf dem letzten Boden keine Cremeschicht verteilen.

6. Ein Glas nehmen und über den Kuchenturm stülpen. Das Ganze samt Teller umdrehen und schon steht der Regenbogen in der richtigen Reihenfolge im Glas. Alle weiteren Gläser nach dem gleichen Prinzip füllen.

Einhorn-Torte

Zutaten:

Für den Teig:
- 6 Eier
- 200 g Mehl
- 100 g Speisestärke
- 5 gestr. TL Backpulver
- 200 g Zucker
- 2 Pck. Vanillezucker
- 1 Prise Salz
- ggf. Lebensmittelfarbe

Für die Creme:
- 600 ml Sahne
- 3 Pck. Vanillezucker
- 3 Pck. Sahnesteif
- Aroma nach Belieben, z. B. Vanille

Zum Verzieren:
- 100 g weißer Fondant
- 25 g schwarzer Fondant
- Lebensmittelfarbe in Pink
- flüssige Lebensmittelfarbe oder -spray in Gold
- Zuckerperlen in Sternform

Außerdem:
- Springform, 18 cm
- Schaschlikspieß
- ggf. Lebensmittelpinsel
- Zahnstocher
- Spritzbeutel mit verschiedenen Tüllen

1. Für den Teig Eier in einer Schüssel schaumig schlagen. Zucker, 2 Päckchen Vanillezucker und Salz dazugeben und weiterrühren. Mehl, Speisestärke und Backpulver durch ein Sieb nach und nach hinzufügen und unterheben. Nach Belieben Lebensmittelfarbe zugeben.

2. Den Teig in 3 gleiche Portionen aufteilen und einzeln nacheinander in der mit Backpapier ausgelegten Springform für etwa 10 Minuten bei 190 Grad im vorgeheizten Backofen backen. Achtung: Jeden Boden gut abkühlen lassen, bevor er aus der Form gelöst wird!

3. Die abgekühlten Böden gegebenenfalls oben begradigen und waagerecht halbieren, sodass insgesamt 6 gleiche Tortenböden entstehen.

4. Für die Creme Sahne mit 3 Päckchen Vanillezucker kurz aufschlagen, dann Sahnesteif und Aroma nach Belieben hinzufügen und die Sahne steif schlagen. Etwa ein Viertel der Creme für die Verzierung in den Kühlschrank stellen.

5. Nun Schicht für Schicht die Torte aufbauen: Boden, Creme, Boden, Creme … Oben mit einem Boden abschließen. Anschließend die gesamte Torte mit Creme einkleiden und für etwa 2 Stunden in den Kühlschrank stellen. Wenn die äußere Schicht Creme durch die Böden etwas zu krümelig ist, am besten die Torte noch mit einer zweiten Schicht einhüllen. Danach wieder in den Kühlschrank stellen.

6. Für die Ohren ein Stück des weißen Fondants ausrollen und daraus zwei Ohren und zwei Innenohren ausschneiden. Die Innenohren auf der Rückseite mit etwas Wasser befeuchten und auf den Ohren befestigen.

7. Den restlichen weißen Fondant zusammenkneten und daraus eine lange Rolle formen. Die Rolle spiralförmig um den Schaschlikspieß wickeln. Unten noch ein Stück des Spießes frei lassen, damit das Horn auf der Torte angebracht werden kann.

8. Die beiden Innenohren und das Horn mit der goldenen Farbe bemalen und alles gut trocknen lassen.

9. Den schwarzen Fondant ausrollen und daraus die Augen und Wimpern ausschneiden.

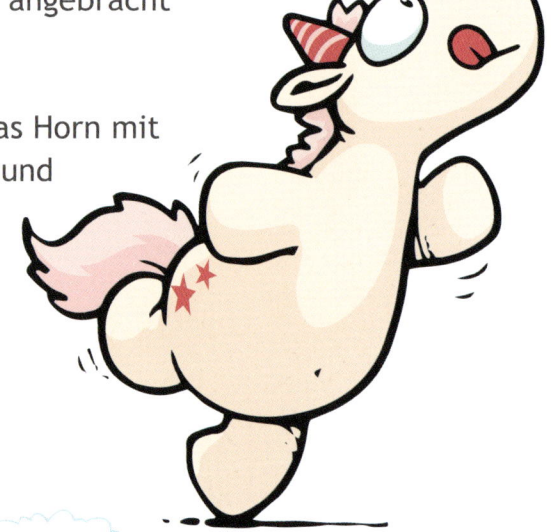

10. Torte zum Verzieren wieder aus dem Kühlschrank holen. Das Horn auf der Torte befestigen, die Ohren mit Zahnstochern fixieren und die Augen und Wimpern vorsichtig andrücken.

11. Die restliche Creme in mehreren Schüsseln unterschiedlich pink und rosa einfärben und mit dem Spritzbeutel mit verschiedenen Aufsätzen die Torte dekorieren. Dazwischen noch ein paar Zuckersterne setzen.

Tipp:

Wer nicht gleich eine ganze Torte bauen möchte, kann auch mit etwas Fondant, Lebensmittelfarbe, Creme und Zuckerperlen aus einfachen Muffins einhornstarke Leckereien zaubern.

Tipp:
Schoko-Erdbeeren einzeln auf Pralinenförmchen aus Papier legen.

Schoko-Früchtchen

Zutaten:

- 500 g frische Erdbeeren
- 200 g Vollmilchschokolade
- Vanillearoma nach Belieben
- 200 g weiße Schokolade
- Zimtpulver nach Belieben
- Lebensmittelfarbe in Pink

Für die Deko:
- Kokosraspeln
- gehackte Mandeln
- etwas geschmolzene rosa gefärbte Schokolade

1. Erdbeeren waschen und gut abtropfen lassen.

2. Vollmilchschokolade im Wasserbad schmelzen und nach Belieben Vanillearoma hinzufügen. Die Hälfte der Erdbeeren in die Schokolade tauchen, Schokolade abtropfen lassen und die Schokofrüchte zum Trocknen auf Backpapier legen.

3. Weiße Schokolade im Wasserbad schmelzen und nach Belieben Zimtpulver hinzufügen. Etwa die Hälfte der geschmolzenen Schokolade in eine andere Schüssel füllen und mit Lebensmittelfarbe färben. Die restlichen Erdbeeren in die weiße oder gefärbte, geschmolzene Schokolade tauchen. Bevor die Schokolade vollständig getrocknet ist, mit gehackten Mandeln oder Kokosraspeln bestreuen. Für die rosafarbenen Schokostreifen muss die Schokolade auf den Erdbeeren vollständig getrocknet sein.

Sandwich-Eis

Zutaten:
für etwa 15 Stück

Für den Teig:
- 300 g Mehl
- ½ TL Backpulver
- 100 g Zucker
- 1 Pck. Vanillezucker
- 1 Prise Salz
- 200 g weiche Butter

Für die Deko:
- Schokosplitter
- Zuckerperlen, Zuckerstreusel

Für das Eis:
- 150 g Puderzucker
- 1 Pck. Vanillezucker
- 200 ml Crème fraîche
- 200 ml Joghurt

Außerdem:
- runde Ausstechform
- gefriergeeigneter Behälter

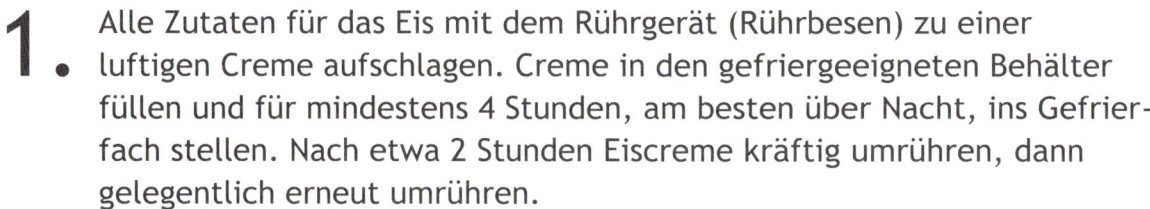

1. Alle Zutaten für das Eis mit dem Rührgerät (Rührbesen) zu einer luftigen Creme aufschlagen. Creme in den gefriergeeigneten Behälter füllen und für mindestens 4 Stunden, am besten über Nacht, ins Gefrierfach stellen. Nach etwa 2 Stunden Eiscreme kräftig umrühren, dann gelegentlich erneut umrühren.

2. Für die Sandwich-Hälften Mehl und Backpulver in eine Schüssel sieben und vermischen. Zucker, Vanillezucker, Salz und Butter hinzufügen und die Masse mit dem Rührgerät (Knethaken) erst kurz auf niedrigster, dann auf höchster Stufe zu einem Teig verarbeiten. Mit den Händen den Teig zusammenkneten und zu einer Kugel formen.

3. Teig auf einer leicht bemehlten Arbeitsfläche ausrollen und mit einem runden Ausstecher oder einem Glas Kreise ausstechen. Kreise mit genügend Abstand auf ein mit Backpapier ausgelegtes Backblech legen und für etwa 10 Minuten bei 180 Grad im vorgeheizten Backofen backen. Nach dem Backen Sandwich-Hälften vollständig erkalten lassen.

4. Die Hälfte der Kekse umdrehen und darauf eine Kugel Eis geben. Sandwich-Deckel auflegen und leicht andrücken. Eis mit Schokosplittern oder Zucker-Deko bestreuen.

Herzige Waffeln am Stiel

Zutaten:
für etwa 20 Stück

Für den Teig:
- 100 g Butter
- 30 g Zucker
- 1 Pck. Vanillezucker
- 1 Prise Salz
- 2 Eier
- 175 g Mehl
- ½ TL Backpulver
- 50 g gemahlene Mandeln

Für die Deko:
- 200 g dunkle Schokolade

Außerdem:
- etwas Öl
- spezielles Waffeleisen für Herzwaffeln am Stiel
- Holzstiele

1. Für den Teig Butter, Zucker, Vanillezucker und Salz cremig rühren. Eier einzeln unterrühren. Mehl mit Backpulver mischen, sieben und hinzufügen. Mandeln untermengen. Der Teig sollte dickflüssig sein, aber noch vom Löffel fließen.

2. Nach Herstellerangaben Waffeleisen vorheizen und Waffelgitter leicht einölen. Teig in die vorgesehenen Aussparungen füllen, Holzstiel hineindrücken, Deckel des Waffeleisens schließen und die Waffeln etwa 2 bis 4 Minuten backen. Anschließend abkühlen lassen.

3. Für die Deko Schokolade im Wasserbad schmelzen und die Waffelherzen bis zur Hälfte eintauchen. Schokolade abtropfen lassen und die Herzen zum Trocknen auf Backpapier legen.

Tipp:
Wer kein spezielles Waffeleisen für Herzwaffeln am Stiel hat, kann auch ein normales Waffeleisen nehmen und die Waffeln nach dem Backen in einzelne Herzen teilen. Die Holzstiele in etwas geschmolzene Schokolade oder Marmelade tunken, mittig in die Herzen stecken und alles trocknen lassen.

Coole Einladungskarten

Du brauchst:

Vorlage von Seite 89
dickes Papier
Schere

Und so geht's:

1. Die Eiskarten-Vorlage in gewünschter Größe auf das dicke Papier kopieren und ausschneiden.

2. An der gestrichelten Linie das Papier falten.

3. So viele Einladungen herstellen, wie gebraucht werden.

4. Einladungstext hineinschreiben, Karten verteilen und sich auf die Party freuen.

Tipp:
Darauf achten, dass die Einladungskarten in den gewünschten Umschlag passen. Für die Karten in Originalgröße reicht ein Standardkuvert B6.

Fliegende Donuts

Du brauchst:
- Vorlage von Seite 88
- Karton
- Bleistift
- Schere
- Bastelkork (3 mm dick)
- evtl. Teppichmesser
- Acrylfarben

Hinweis:
Sollen die Untersetzer auch für heiße Tassen oder Gläser genutzt werden, bitte zum Anmalen der Untersetzer Farbe nutzen, die auch hohe Temperaturen verträgt.

Und so geht's:

1. Die Vorlage des fliegenden Donuts in der gewünschten Größe kopieren. Ideal ist es, wenn der runde Teil des Donuts einen Durchmesser von etwa 10 Zentimetern hat. Kopie zur Verstärkung auf den Karton kleben und ausschneiden. Das ist die Schablone für die Untersetzer.

2. Umriss mithilfe der Schablone auf den Kork übertragen. So viele Umrisse aufzeichnen, wie Untersetzer gewollt sind.

3. Motive ausschneiden und mit Acrylfarben wie einen Donut bemalen. Am besten den Kork-Donut zuerst mit Weiß grundieren. Jede einzelne Farbschicht vollständig trocknen lassen und auch nicht vergessen, den Rand der Untersetzer anzumalen. Wer den fliegenden Donut von Theodor genau nachmalen möchte, schneidet vorsichtig die einzelnen Teile der Schablone mit einem Teppichmesser heraus, legt sie auf den Kork, zeichnet die Umrisse nach und malt den Untersetzer entsprechend an.

Tipp:
Donut-Untersetzer ohne Flügel lassen sich ganz einfach aus runden Korkuntersetzern aus dem Handel herstellen. Entweder den Donut frei Hand aufmalen oder den Donut-Teil der Vorlage abpausen, auf den Untersetzer übertragen und dann anmalen.

Süße Tischkärtchen

Du brauchst:

- Vorlagen von Seite 88
- dickes Papier
- Schere
- Teppichmesser oder kleine, scharfe Schere wie Nagelschere

Und so geht's:

1. Tischkärtchen auf das dicke Papier kopieren und ausschneiden.

2. Mit dem Teppichmesser oder der Nagelschere vorsichtig um das Einhorn entlang der gestrichelten Linien einschneiden.

3. Mittig das Kärtchen knicken, dabei bleibt das Einhorn gerade stehen.

4. So viele Tischkärtchen herstellen, wie gebraucht werden.

5. Kärtchen mit Namen der Gäste versehen und die Sitzplätze festlegen.

Niedliche Cupcake-Sticks

Du brauchst:

- Einhörner von Seite 91
- Papier (ggf. etwas festeres Papier)
- Schere
- Zahnstocher
- Klebeband

Und so geht's:

1. So viele Einhörner in der gewünschten Größe kopieren, wie gebraucht werden. Für jeden Cupcake-Stick wird ein Einhorn benötigt.

2. Einhörner ausschneiden und mit Klebestreifen an den Zahnstochern befestigen.

3. Leckere Cupcakes, Muffins oder Kuchen mit den Cupcake-Sticks verschönern und für die Gäste bereitstellen.

Tipp:
Mit den supersüßen Einhörnern lassen sich im Handumdrehen einfache Strohhalme verschönern. Einhörner kopieren, ausschneiden und von hinten mit Klebestreifen an den Strohhalmen befestigen.

Bunte Einhorn-Girlande

Du brauchst:

- Vorlage für einen Wimpel von Seite 90
- Karton
- Einhörner von Seite 91
- Tonpapier mit Mustern
- Schere
- Klebstoff
- Stoffband oder Schnur
- Holzklämmerchen

Und so geht's:

1. Aus der Wimpel-Vorlage eine Schablone herstellen. Dazu den Wimpel in der gewünschten Größe kopieren, auf den Karton kleben und ausschneiden. Für einen Wimpel mit den Maßen 20 Zentimeter auf 22 Zentimeter die Vorlage auf 200 Prozent kopieren.

2. Mithilfe der Schablone die gewünschte Anzahl Wimpel auf das Tonpapier übertragen und ausschneiden.

3. Einhörner in der gewünschten Größe kopieren, ausschneiden und auf die Wimpel kleben. Wenn die Girlande von beiden Seiten zu sehen sein wird, am besten auch auf beide Seiten der Wimpel die Einhörner aufkleben.

4. Band oder Schnur aufhängen und die Wimpel mit den Holzklämmerchen befestigen.

Tipp:

Für ein Windlicht mit mehreren Farben ein paar Motive auf das Glas kleben und mit der ersten Farbe besprühen. Nach dem vollständigen Trocknen an anderen Stellen weitere Motive aufkleben und mit der zweiten Farbe das Glas besprühen. Nach dem Trocknen wieder Motive aufkleben und das Glas mit der dritten Farbe besprühen. Wenn die Farbe vollständig getrocknet ist, alle Klebeetiketten vorsichtig abziehen. Dabei aufpassen, dass man die unteren Farbschichten nicht zerstört.

Wundervolle Windlichter

Du brauchst:

- Motive von Seite 90
- Klebeetiketten
- Schere
- Glasgefäße, z. B. Einweck-, Marmeladen- oder Gurkengläser
- Sprühfarbe, geeignet für Glas
- Zeitung o. Ä. als Unterlage

Und so geht's:

1. Motive auf die Klebeetiketten übertragen: entweder kopieren und ausdrucken oder eine Schablone anfertigen und abzeichnen.

2. Motive ausschneiden und wie gewünscht auf die sauberen, fettfreien Gläser kleben.

3. Das Glas mit der Öffnung nach unten aufstellen und aus etwa 30 Zentimeter Abstand gleichmäßig mit Farbe besprühen. Am besten draußen bei Windstille sprühen. Fußboden mit Zeitung oder Ähnlichem vor Farbe schützen und alte Kleidung tragen.

4. Farbe vollständig trocknen lassen. Dann prüfen, ob die Farbe überall gut gedeckt hat, ansonsten noch mal nachsprühen und wieder vollständig trocknen lassen. Eventuell auch mehrmals sprühen und trocknen lassen. Wenn der Rand an der Öffnung des Glases besprüht werden soll, das Glas vorher gut mit Zeitungspapier ausstopfen, sonst sieht man später keine Motive.

5. Wenn alles gut getrocknet ist, Klebeetiketten vorsichtig abziehen.

Vorlagen

Tischkärtchen S. 80
Originalgröße

Fliegender Donut
S. 78
Auf 200 % kopieren

Eis-Einladungskarte
S. 76
Originalgröße

Vorlagen

Einhorn-Girlande S. 84
Auf 200 % kopieren

Windlichter S. 87

|— 5 cm —| Cupcake-Sticks S. 82
Einhorn-Girlande S. 84

Silikon-Muffinförmchen (6 Stück) +
Keksausstecher (2 Stück)

Silikon-Kuchenform Einhorn Theodor

Silikon-Kuchenform Regenbogen

www.nici.de

Einhorn-Fans, aufgepasst!

Meine Freunde
978-3-86318-442-1

Meine Stickerwelt
978-3-86318-450-6

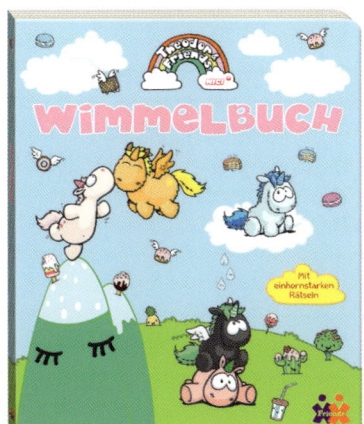
Wimmelbuch
978-3-86318-474-2

Mein Glitzermalspaß
978-3-86318-461-2

Mein Glitzer-Sticker Malspaß
978-3-86318-451-3

Noch mehr Bücher findest du unter www.friendz-verlag.de